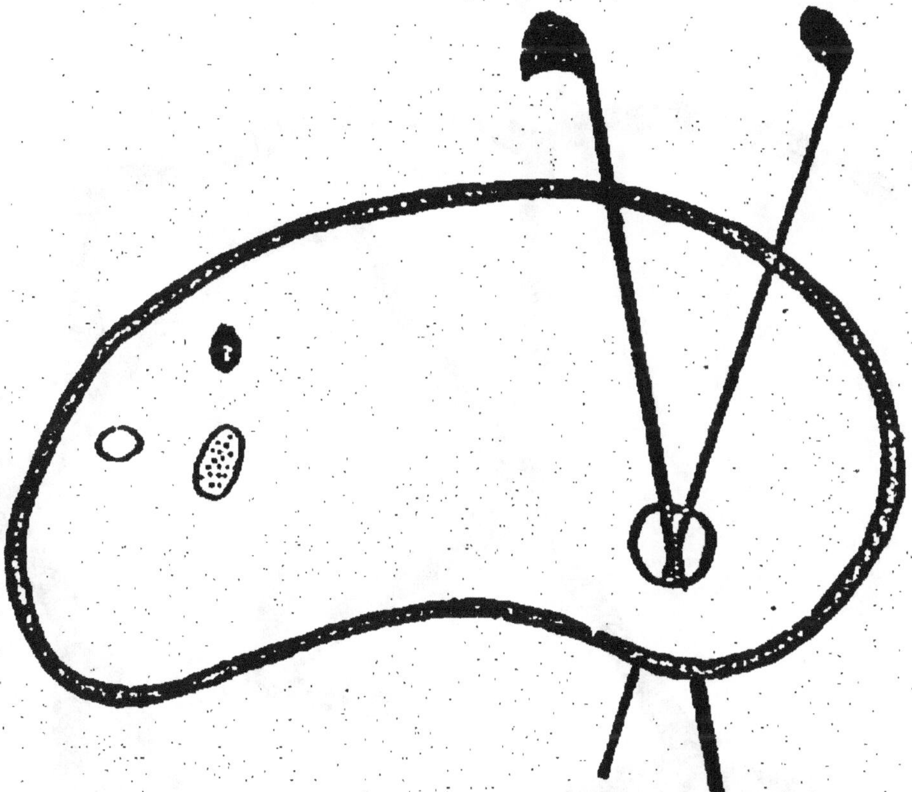

DEBUT D'UNE SERIE DE DOCUMENTS
EN COULEUR

Couverture inférieure manquante

DISCOURS

PRONONCÉ PAR Mgr L'ÉVÊQUE D'ANGOULÊME

POUR LA BÉNÉDICTION DE LA PREMIÈRE PIERRE

DE L'ÉGLISE DE SAINT-AUSONE

LE 4 DÉCEMBRE 1864

ANGOULÊME

GIRARD, IMPRIMEUR DE Mgr L'ÉVÊQUE ET DU CLERGÉ

Rue de Beaulieu, 36

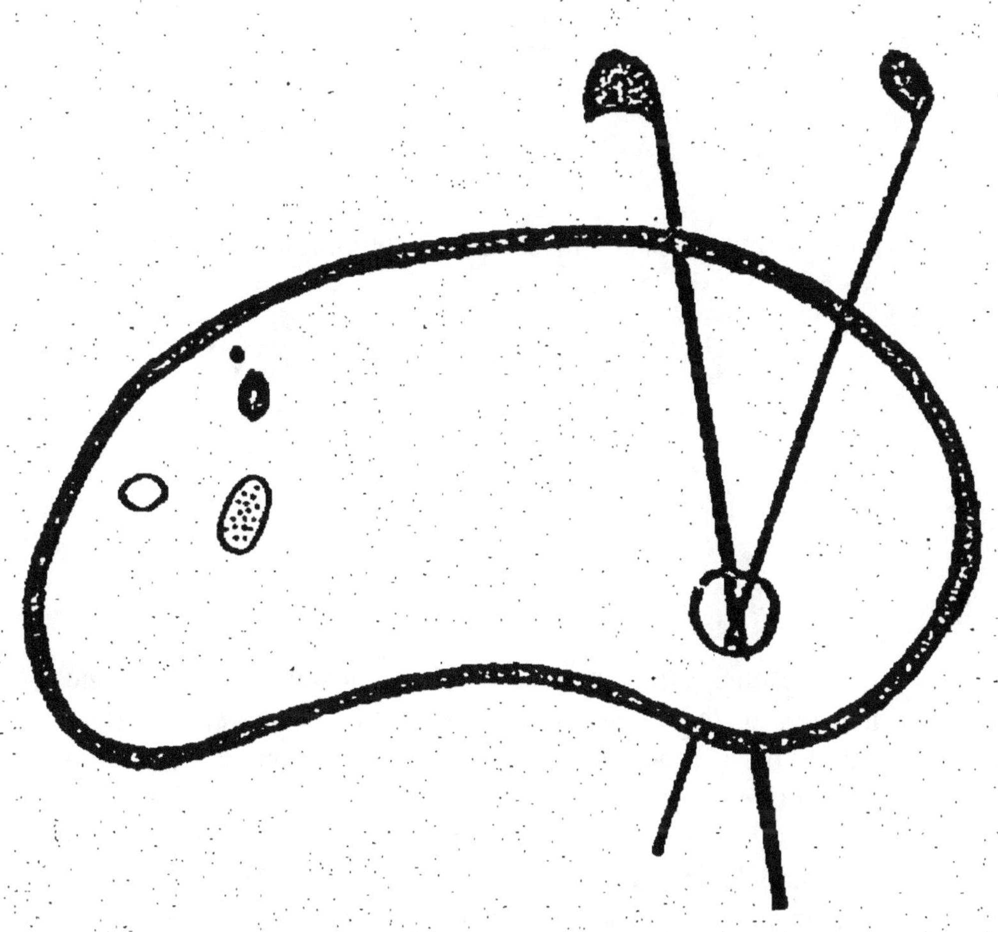

FIN D'UNE SERIE DE DOCUMENTS
EN COULEUR

DISCOURS

PRONONCÉ PAR Mgr L'ÉVÊQUE D'ANGOULÊME

POUR LA BÉNÉDICTION DE LA PREMIÈRE PIERRE

DE L'ÉGLISE DE SAINT-AUSONE

LE 4 DÉCEMBRE 1864

Voici un beau jour pour la ville d'Angoulême. Après une longue attente, d'ardents désirs souvent contrariés, des alternatives d'espérance et de crainte, enfin il nous est donné de bénir et de poser la première pierre de cette nouvelle église de saint Ausone, du pontife-martyr, du véritable père de la cité. La joie de vos cœurs, N. T.-C. F., vous fait comprendre la nôtre. Elle ne saurait cependant vous en donner une idée complète, si je ne vous disais tout ce que je vois, dans le passé, sous ces fondements qui reposent sur d'autres plus anciens, et dans l'avenir, sur ce sol destiné à recevoir le nouvel édifice. Ecoutez-moi donc quelques instants. J'ai à vous raconter, dans l'histoire de cette vieille église, toute l'histoire de vos pères, je pourrais dire, toute l'histoire du christianisme et de ses destinées dans le monde. Dans cette nouvelle église qui s'élève, je crois pouvoir lire déjà l'histoire de vos enfants et des enfants de vos enfants. Le passé éclaire l'avenir. Son étude n'a de prix qu'à cette condition. Autrement ce ne serait qu'un vain amusement de curiosité, indigne d'occuper l'esprit de votre évêque, indigne de l'attention d'un auditoire de fidèles, des hommes sérieux qui m'entourent en ce moment.

Vous le savez tous, N. T.-C. F., le premier qui fit entendre à nos pères le nom du vrai Dieu et de son Fils J.-C, ce fut saint Martial, disciple de l'apôtre saint Pierre. Ainsi par nos ancêtres nous touchons à l'origine même du christianisme, à la source de la vérité.

Saint Martial avait avec lui un jeune disciple, qu'il avait conquis dans ses courses apostoliques sur les rives de la Gironde. Il se nommait Ausone. Aujourd'hui encore les grottes monumentales de Mortagne conservent le souvenir de ce séminaire primitif, où l'apôtre de l'Aquitaine formait en secret par de saintes leçons et de saints exercices les ouvriers destinés à continuer son œuvre et à l'étendre à tout les pays d'alentour. Ausone lui parut entre tous celui dont le caractère et la vertu conviendraient le mieux aux populations de l'Angoumois. Il se l'adjoignit comme un aide précieux dans ses travaux parmi elles et, en les quittant pour évangéliser d'autres contrées, il le leur laissa comme chef spirituel : il le consacra évêque de la petite communauté chrétienne qu'il était parvenu à former dans la ville d'Angoulême.

Quels furent, après le départ de saint Martial, les succès de saint Ausone dans son apostolat? Comment triompha-t-il de la légèreté de nos ancêtres jusqu'à leur faire adopter les graves enseignements de l'Evangile sur un Dieu créateur, sauveur et juge des hommes, sur la double éternité qui les attend au sortir de cette vie? Combien gagna-t-il de ces enfants de la molle Charente aux austères devoirs de la vie chrétienne? Combien d'années consuma-t-il dans ce laborieux ministère ? Autant de questions dont la solution se devine plutôt qu'elle ne se lit dans deux lignes d'histoire : saint Ausone finit sa vie par le martyre, et après lui pendant longtemps il n'y eut point d'évêque à Angoulême. *Cessavit episcopatus per tempora multa* (1).

Saint Ausone, après de longs travaux, parvint-il à gagner la ville presqu'entière au christianisme, au point de pouvoir se poser comme son représentant et son intercesseur auprès d'un chef barbare qui la menaçait des horreurs d'un pillage? Telle est l'ancienne tradition, consignée dans une légende qui n'est pas sans difficultés (2). Le bon pasteur se serait dévoué pour ses brebis et, au lieu de la grâce qu'il sollicitait pour les siens, il aurait recueilli pour lui-même la grâce suprême du martyre : il aurait été immolé cruellement par les ordres du barbare, devant la porte de la ville, au lieu même où la reconnaissance de nos pères éleva plus tard l'église de Saint-Martial. On a peine alors à s'expliquer, si ce n'est pas l'entière dévastation de la ville et le massacre de ses habitants, comment elle put rester longtemps sans évêque. On se l'expliquerait mieux, si saint Ausone avait été une des nombreuses victimes de cette grande persécution romaine qui s'attachait de préférence aux ministres de la religion, qui immolait surtout sans pitié tous les évêques qu'elle pouvait saisir. Saint Ausone, condamné à mort en vertu des décrets des empereurs, aurait eu le même sort que saint Agon à Poitiers, saint Eutrope à Saintes, saint Fort à Bordeaux, saint Saturnin à Toulouse, saint Denis à Paris, et tant d'autres à la même époque. On comprend alors aisément comment après sa mort le troupeau formé par ses soins, dispersé, terrifié, amoindri peut-être par des défections, ne put songer pendant longtemps à réclamer l'institution d'un nouvel évêque : une si faible communauté ne pouvait avoir encore les prétentions d'une Eglise.

(1) *Historia Pontificum et Comitum Engolismensium*, apud Labbe, Bibliotheca Mss, t. II, p. 249

(2) *Acta SS. Bolland.*, ad 22 maii.

4

Ah ! ce dut être un jour de terribles angoisses et de profonde tristesse pour nos pères que celui où ils vinrent déposer ici, dans le lieu de la sépulture commune, à cette place que je vous montre du doigt, où bientôt vous pourrez venir vous agenouiller pour la sainte communion, ils vinrent, dis-je, déposer le corps de leur pasteur immolé, sans pouvoir se promettre de lui trouver un successeur. Sans nul doute, leur tristesse était une tristesse chrétienne, tempérée par les plus douces joies de l'espérance, par l'assurance du bonheur et du triomphe éternel de ce père vénéré. Mais si, lui, il était dans la gloire, qu'allaient devenir ses malheureux enfants? Privés de la défense du pasteur, qu'allaient devenir tous ces pauvres agneaux, au milieu de tant de loups furieux? Y aurait-il bien encore dans l'avenir une église d'Angoulême?

Eh ! non, répondaient avec insulte les beaux esprits d'alors. Vous venez d'enterrer votre premier et votre dernier évêque. Cette superstition du Christ a déjà duré trop longtemps. Votre absurde entêtement à adorer le supplicié de Ponce-Pilate a pu être toléré, tant qu'on a eu l'espérance de le voir tomber doucement sous l'empire de la raison publique. Mais puisque cette folie va toujours croissant, nos sérénissimes empereurs ont décidé d'en finir avec elle. Ils y ont pourvu par des décrets impitoyables. Bientôt il n'y aura plus de chrétiens, ni à Angoulême, ni à Bordeaux, ni à Rome, ni en aucun lieu du monde. Honneur aux divins augustes, qui ont aboli cette odieuse superstition : *Nomine christianorum deleto..... Superstitione Christi ubique deletâ.*

Ils le disaient ainsi; ils l'écrivaient; ils le gravaient sur le bronze et sur le marbre : nos musées conservent précieusement ces curieuses inscriptions, et le centième successeur de saint Ausone a pu sourire en les lisant. Mais ne sortons pas de ce petit coin de terre où nous sommes rassemblés en ce moment,

N. T.-C. F. Il est plein pour nous et pour tout homme sérieux d'instructions d'une éloquence saisissante.

On a donc enterré ici, au milieu de tous les morts vulgaires, dans le lieu de leur commune sépulture, le corps de l'évêque Ausone, immolé soit par l'ordre d'un chef barbare, soit par une sentence du préfet romain. La petite société fidèle, qui le suivait comme un guide et l'aimait comme un père, ne quitta ce tombeau qu'à regret et en se promettant de venir souvent le visiter, pour se retremper dans la foi et la charité, dans le courage et la patience chrétienne. La société officielle prend en pitié cette douleur et ces regrets ; le reste de la population demeure indifférente, occupée, dans la ville, de ses affaires et de ses plaisirs.

Mais voici le commencement d'une autre histoire, étrange, incroyable, et néanmoins aussi certaine que l'existence de ce soleil qui nous éclaire, que notre existence à nous-mêmes, qui formons en ce moment une grande part de cette histoire. Ecoutez, N. T.-C. F. :

N.-S. a dit de lui-même : « Si le grain de froment ne tombe en terre et ne meurt, il demeure seul. Mais s'il meurt, il porte beaucoup de fruits (1). » Ce que le Sauveur a dit de lui-même avec une souveraine vérité, s'applique aussi, dans une certaine proportion, aux continuateurs de son œuvre. C'est surtout après leur mort, principalement quand elle ressemble à la sienne par le beau caractère du martyre, que cette œuvre croît, grandit et prend les plus admirables développements. Voyez saint Ausone : de son vivant, comme le Sauveur, il n'a pu réunir autour de lui qu'un petit nombre de disciples, destinés, dans la pensée des incrédules, à disparaître bientôt après lui. Mais voici qu'il est mort. Son corps, comme un grain fécond, a été confié à cette terre. A peine y a-t-il été déposé, que voici poin-

____
(1) Joan. xii. 24.

dre, à côté du saint tombeau, comme une touffe de lis qui y plonge ses racines, une germination sainte, inconnue jusque-là, mais vivace, immortelle, dont nous avons encore aujourd'hui sous les yeux les glorieux rejetons. Ce sont deux jeunes filles de la plus haute société d'Angoulême, les vierges Caliaga et Calfagia, ses disciples ferventes, qui ont appris de lui à mépriser les vains honneurs et les vaines joies du monde, pour donner leur cœur tout entier à un époux immortel. Elles unissent dans un même amour le Dieu qui a reçu leurs serments et la mémoire du saint évêque qui leur en a suggéré la pensée, qui leur en a dicté la formule bénie. C'est auprès de son tombeau qu'elles établissent leur pieuse retraite, qu'elles forment à leur exemple un petit essaim de jeunes vierges, compagnes de leurs veilles, de leurs jeûnes, de leurs travaux, de leurs longues prières. Le soin de ce tombeau, le culte du bienheureux pontife-martyr qui y repose, font partie des exercices de la petite communauté : exercices secrets, couverts, durant les temps de persécution, d'un voile de mystère que pénètrent seuls un ou deux prêtres et un petit nombre de fidèles, qui les cachent avec soin, en attendant des temps meilleurs.

Ces temps sont venus enfin. La croix triomphante brille aux yeux de Constantin. Le Christ est vainqueur, il règne, il a l'empire : *Christus vincit, Christus regnat, Christus imperat.* Sortez de vos retraites, ministres du Seigneur, prédicateurs de sa parole : annoncez librement l'évangile à une génération désormais convaincue de la vanité des idoles. Et vous, vierges sacrées, enfoncez-vous au contraire dans une retraite plus profonde. Profitez de la liberté nouvelle pour vous séparer encore davantage d'un monde qui, en devenant chrétien, pourrait bien quelque jour étendre jusqu'à vous la contagion d'un christianisme mondain.

Ainsi se forme, au quatrième siècle, un monastère de vierges chrétiennes, sur le tombeau même de saint Ausone, qui en devient comme le centre. C'est à côté du lieu de sépulture de la ville. Mais ce voisinage n'a plus rien qui effraie. On n'y enterre bientôt plus désormais que des fidèles : ce ne sont plus des morts ; ce sont des dormants (1), dont les âmes bienheureuses vivent en Dieu, dont les corps seuls sommeillent ici, dans l'attente du glorieux réveil de la résurrection. C'est ce que signifie ce beau nom de Cimetière, lieu de sommeil, dans la langue des Grecs, qui est celle des premiers apôtres. Aussi voyez le dernier adieu de ces pieuses filles d'Ausone à une de leurs sœurs qui vient de les quitter : *Alogia, vivas in Deo,* Alogie, vivez en Dieu. Voilà l'épitaphe simple et touchante que nous trouvions, il y a quelques jours, dans les profondeurs du sol creusé pour ces fondements.

Mais alors la moisson était mûre. Ce n'était plus assez de quelques prêtres pour la recueillir, sous la direction du métropolitain de Bordeaux. Il fallait tout un clergé, conduit par un chef toujours présent, par un évêque successeur de saint Ausone. Il vint, et un de ses premiers soins, après la construction de la grande église de Saint-Pierre, fut d'en élever une autre plus modeste sur le tombeau du saint martyr (2), et d'y marquer à ses côtés la place de son propre tombeau et de celui de ses successeurs. C'était à la porte de la basilique, là où sera l'ouverture du nouveau sanctuaire. Nous y avons vu, ces jours derniers à découvert, à une grande profondeur au-dessous du sol actuel, deux de ces tombeaux anciens. Leurs vastes dimensions, leur travail simple, mais très-soigné, leur ressemblance

(1) Nolumus vos ignorare de dormientibus. I. Ephes. iv. 12.

(2) Au milieu des débris des incendies des Visigoths et des Normands, on a retrouvé des matériaux de cette ancienne église romaine, des tuiles à rebords et des fragments de colonnes d'un très-beau marbre, provenant vraisemblablement des temples païens.

frappante avec le tombeau de saint Eutrope de Saintes, leur emplacement surtout à côté de la sépulture primitive de saint Ausone clairement désignée par les historiens, d'autres indices encore tirés des débris mêlés à la poussière de leurs ossements, ne permettent pas de douter que ce ne soient les tombeaux des vieux évêques du IVᵉ ou du Vᵉ siècle. Que nous aurions été heureux d'y trouver leurs noms, surtout celui de ce Dynamius, comparé, par saint Paulin de Nole, aux plus grands évêques de l'âge précédent, qui signa en 451 la belle lettre des évêques des Gaules au Pape saint Léon. Ah ! s'il nous eût été donné de mettre à nu ce pavé antique de saints tombeaux, de déblayer ce sol sacré pour élever dans une crypte, sous le nouveau sanctuaire, l'autel de saint Ausone, au même lieu où son corps a reposé pendant mille ans, nous aurions pu alors espérer de trouver une ligne, un mot, propre à résoudre toutes les questions que se pose sur ce terrain une pieuse curiosité. La science et la foi étaient d'accord pour réclamer ce beau complément de la belle œuvre que nous avons sous les yeux. Malheureusement, d'inexorables calculs ont été sourds à toutes les réclamations de la foi comme de la science.

Nous saurons seulement, en général, que les premiers évêques d'Angoulême aimaient à mettre leur sépulture à côté de celle du pontife-martyr, leur maître et leur modèle, et comme sous la protection de ses mérites. Nous le savons très-certainement de saint Aptone, cet évêque vénéré du VIᵉ siècle, qui reçut avec tant d'affection le célèbre solitaire saint Cybard, qui sut le fixer parmi nous et s'associer, par de continuels encouragements, au mérite de toutes ses œuvres de zèle et d'admirable charité. Son tombeau, voisin de celui de saint Ausone, objet d'une vénération presqu'égale, donna même l'idée aux générations suivantes, peu instruites de l'histoire et de la chronologie, que saint Ausone et saint Aptone étaient deux frères, issus des mêmes parents. Leur fraternité était toute spirituelle. Elle leur valait au ciel la même gloire : elle leur valut aussi sur la terre les mêmes honneurs et, aux jours d'impiété, les mêmes outrages. Leurs tombeaux furent violés le même jour ; leurs ossements sacrés, jetés dans les flammes du même bûcher.

Mais avant cette profanation dernière et cette abominable destruction, la vieille église de saint Ausone éprouva de nombreuses vicissitudes. Jamais édifice ne vérifia mieux ce qui est écrit dans les saints livres au sujet du temple de Jérusalem : Ce lieu a eu sa part des maux du peuple : *Locus particeps factus est populi malorum* (1). On pourrait, dans l'histoire de ses ruines, trouver les traits principaux de l'histoire, non pas seulement de notre province, mais de toute notre nation. Les grandes phases religieuses de son existence sont en quelque sorte gravées sur les pierres de ces fondements.

La tombe du grand évêque Dynamius était à peine fermée, ici, sur cette ligne que mon doigt vous indique, lorsqu'un immense péril vint fondre sur cette partie des Gaules.

Les Wisigoths, non contents de s'être formé des débris de l'empire romain un vaste royaume dans le midi de l'Europe, aspiraient à la conquête de la Gaule entière. De Toulouse, sa capitale, le cruel Evaric lance sur le nord de notre Aquitaine ses bandes d'Ariens, qui massacrent les prêtres catholiques, profanent les sanctuaires, répandent partout la désolation. Le tombeau de saint Ausone, comme celui de saint Hilaire, à Poitiers, est bientôt couvert des débris de son église. Les vierges qui en avaient la garde ont eu le temps de chercher un refuge dans la forte enceinte des murailles de la ville. Mais la ville elle-même est prise d'assaut et livrée aux horreurs du pillage, et, au milieu de ses ruines fumantes, un évêque Arien vient

____

(1) II. Machab. v. 20.

s'asseoir sur le siége de saint Ausone. Il lui faut une nouvelle cathédrale et à cette cathédrale un nouveau patron. Le nom de saint Pierre sonne mal aux oreilles des hérétiques. C'est Toulouse, la capitale du royaume Visigoth, la Rome de l'arianisme, qui doit fournir le nouveau patron : la cathédrale des Ariens est dédiée sous le vocable de saint Saturnin, comme s'ils avaient voulu prendre cet admirable martyr pour complice de leur schisme et de leur hérésie (1).

Cette odieuse domination dura à peine un demi-siècle ; mais elle laissa sur notre sol des traces si profondes, qu'après 1400 ans elles ne sont pas encore pleinement effacées (2). Et pourtant Clovis, après sa grande victoire, ne s'y épargua pas. Lui qui, en partant de Paris pour combattre les hérétiques, avait promis à Dieu, sur le conseil de sainte Geneviève, d'y bâtir une église en l'honneur de saint Pierre et de saint Paul (3), quand il eut vaincu Alaric à Voulon et pris d'assaut la ville d'Angoulème, il n'eut rien de plus pressé que d'ordonner la re-

(1) Gregorius (f. Euphronius) Turonensis et Germanus Parisiensis, à Chariberto rege missi, consecraverunt cathedralem ecclesiam in honore apostolo-Petri et Pauli quam de novo construxerat, distincta (f. destructa) priore sede quam Gothi Arianâ maculatione fœdaverant, quæ fuerat antè in honore S. Saturnini, (*Vetus Hist. Pontif. et Comit. Engol.*, apud Labbe, Biblioth. mss. t. II. p. 250.

(2) Quand on connaît le véritable caractère de l'Arianisme, de cette erreur fondamentale, mère de toutes les erreurs qui sont venues depuis, on est moins surpris de l'empreinte profonde qu'elle a laissée, dans les campagnes surtout, soumises pendant un demi-siècle entier à sa domination. Dans l'Anjou et dans le Poitou, les habitants du bocage appellent encore du nom de Bigots ou Visgots les habitants des plaines de Thouars et de Saumur. Les Visigoths Ariens se convertirent au catholicisme sous le coup des armes de Clovis. Mais leur conversion paraissait peu sincère : d'où vient la signification du mot de *bigot* dans notre langue.

(3) C'est la célèbre église de Sainte-Geneviève, où fut enterrée cette sainte et, après elle, Clovis lui-même. Les SS. Apôtres ont toujours été considérés comme les premiers patrons de cette église.

construction de la vieille cathédrale dédiée à saint Pierre, de la petite basilique de saint Ausone et de l'asile sacré des gardiennes de son tombeau.

Elles durent, hélas! quitter encore cet asile, pour chercher un refuge dans la ville, lors de l'invasion des Maures d'Abderame et, un siècle plus tard, lors des courses et des pillages des Normands. Mais ce n'étaient là que des orages passagers, promptement dissipés par la valeur des pères et des frères de ces vierges sacrées. Pendant les combats, elles les soutenaient de leurs prières. Après la victoire, elles faisaient appel à leur reconnaissance pour la réparation des ravages de l'ennemi. Leur douce voix allait au cœur de ces fiers chevaliers : bientôt on les voyait, de cette main terrible qui avait fendu les armures de fer, apporter respectueusement une offrande de foi et de piété sur le tombeau de leur commun père saint Ausone.

Ainsi firent plus magnifiquement que les autres Guillaume Taillefer, comte d'Angoulême au commencement du XIe siècle, et son fils et successeur, Geoffroy Taillefer, père de nos deux célèbres évêques, Guillaume et Adémar. Ce furent eux qui bâtirent entièrement la belle église qui a subsisté jusqu'au XVIe siècle, et dont nous venons de retrouver les fondements. C'était l'époque brillante du monastère de saint Ausone. Trop souvent associé aux malheurs des peuples, il entra alors en part de leur gloire et de leur félicité. *Locus particeps populi malorum, postea autem socius bonorum* (1).

Jamais sans doute notre ville d'Angoulême n'a vu depuis une solennité comparable à celle de la translation des reliques de saint Ausone, le 30 mars 1118. Tandis que s'élevait le somptueux édifice de la cathédrale, l'église du saint martyr, commencée au siècle précédent, recevait ses dernières décorations. Il était temps de la consacrer et de transférer le saint corps, du

(1 II. Machab. v. 20.

tombeau où il reposait depuis mille ans à l'entrée de l'église, pour le placer avec plus d'honneur sous le grand autel du nouveau sanctuaire. Cette translation se fit, dans notre petite ville d'Angoulême, avec une solennité qu'auraient pu envier les plus grandes cités de la France et de l'univers.

Vous demandez, N. T.-C. F., comment la chose fut possible. Le voici : le petit diocèse d'Angoulême avait un grand évêque. Dans des temps difficiles, il avait rendu à l'Eglise universelle des services du plus haut prix. Comptant sur son zèle, sa prudence et son dévouement, les Souverains-Pontifes l'avaient établi leur lieutenant ou Légat dans les vastes provinces ecclésiastiques de Tours, de Bourges, de Bordeaux et d'Auch, c'est-à-dire dans plus de trente diocèses compris entre les côtes septentrionales de la Bretagne, les Cévennes et les Pyrénées. Il en réglait les affaires au nom et avec l'autorité du Pape, soit tout seul, soit avec le conseil des évêques, qu'il avait plein pouvoir de rassembler en concile de tous les points de sa légation. En vingt-trois ans, il en tint huit, dont plusieurs à Angoulême. Mais il voulut profiter de celui de 1118 pour donner à la consécration de cette basilique et à la translation des reliques du saint martyr, son prédécesseur, un éclat et une solennité dont la mémoire demeurât dans son église à tout jamais, et en effet, nous la célébrons encore tous les ans, le 30 du mois de mars. Dans ce but, Girard invita à son concile, outre les archevêques et évêques de sa légation, quelques prélats éminents, ses amis particuliers, qui firent un long et pénible voyage pour lui donner un éclatant témoignage de leur estime et de leur affectueuse vénération. C'étaient, entre les autres, Gilbert de Paris, Manassès de Meaux et le célèbre évêque de Châlons, Guillaume de Champeaux, le maître clairvoyant qui avait deviné Abailard, l'ami dévoué de saint Bernard, qu'il eut le bonheur et la gloire de bénir abbé de Clairvaux.

Figurez-vous, maintenant, N. T.-C. F., l'aspect que devait présenter cette colline, au jour choisi pour cette auguste cérémonie. Une foule innombrable couvrait les remparts et les pentes du coteau qu'ils couronnent. Tandis que les premiers rites de la consécration s'accomplissent à l'intérieur de l'église, au milieu des chants alternés des prêtres et des religieuses qui leur répondent sous leurs longs voiles derrière la grille du chœur, le comte d'Angoulême, oncle de l'abbesse, bienfaiteur insigne du monastère, ainsi que ses aïeux, est assis devant la grande porte encore fermée, en face du saint tombeau. Il a autour de lui sa famille, ses principaux officiers, les quatre barons feudataires de l'évêché, seigneurs de La Roche-Chandry, de La Rochefoucauld, de Montbron et de Montmoreau, et à leur suite, presque toute la noblesse de l'Angoumois. Tout-à-coup, la porte s'ouvre au milieu de l'émotion générale, et une magnifique procession enveloppe bientôt toute l'église. Au milieu d'une blanche couronne de prêtres, on voit se former une brillante couronne d'évêques, tous revêtus de leurs habits pontificaux. Les quatre premiers portent sur leurs épaules, dans une châsse étincelante d'or et de pierreries, le corps du pontife-martyr saint Ausone ; quatre autres portent de même le corps de saint Aptone, à la suite de quatre diacres portant le corps de saint Césaire, le diacre fidèle de saint Ausone. Derrière eux marchent les autres évêques, les archevêques et le Légat. Des regards saintement curieux recherchent parmi eux les plus célèbres défenseurs de l'Eglise, ceux dont les noms brillent encore dans les fastes sacrés, le bienheureux Hildebert du Mans, Baudry de Dol, historien de la première croisade qu'il avait suivie, Marbode de Rennes, écrivain élégant de la vie de plusieurs saints, Bernard d'Auch, Guy de Lescar et d'autres encore connus par l'éminence de leur science et de leur vertu. Tous les fronts s'inclinent sous leurs bénédictions, tous les genoux fléchissent au passage des saintes reliques. Mais nul ne peut contenir ses larmes, quand les voix confondues des évêques, des prêtres, des clercs et des fidèles implorent à grands cris la miséricorde divine par l'intercession des saints martyrs. Le *Kyrie eleison*, cent fois répété, en faisant le tour extérieur de l'église, pénètre toutes les âmes d'une vive componction. Le gémissement plaintif des colombes du sanctuaire s'y unit à l'intérieur. Nul ne les voit, ni ne peut les entendre ; mais nul ne les oublie dans cet instant solennel : c'est dans la ferveur de leur prière que chacun met sa meilleure espérance.

Le gémissement de la pénitence a cessé. Voici maintenant les chants de joie et de triomphe. « Sortez, saints de Dieu, de vos anciennes demeures ; venez aux lieux d'honneur qui vous sont préparés. Vous sortirez en triomphe et vous serez escortés avec allégresse : les montagnes et les collines tressailleront devant vous dans une joyeuse attente. Levez-vous, saints de Dieu, sortez de vos demeures, sanctifiez ces lieux, bénissez ce peuple, et nous, pauvres pécheurs, gardez-nous dans la paix. Entrez, saints de Dieu, dans cette nouvelle église, où le peuple doit adorer la majesté du Seigneur. C'est bien à eux qu'appartient le royaume des cieux : ils ont méprisé la vie du monde, et pour arriver à la gloire, ils ont lavé leurs robes dans le sang de l'Agneau » (1).

Entendez ces chants sacrés, N. T.-C. F., chantés avec enthousiasme par plusieurs centaines de voix, au milieu d'une multitude de vrais croyants, unis de cœur et d'âme avec leurs chefs spirituels et temporels. Entrez, je vous prie, dans leurs pensées et dans leurs sentiments ; puis, avec eux, remontez mille ans en arrière, jusqu'au jour où un petit groupe de fidèles en larmes venait dans les ténèbres, de peur des insultes des païens, déposer ici le corps sanglant de son premier évêque. Quelle différence de ces deux jours ! Quels rapprochements

(1) Pontifical. Rom. in conscer. Ecclesiæ.

instructifs et touchants ! N'était-ce pas cette moisson de l'Ecri-
ture, semée autrefois dans les larmes et recueillie aujourd'hui
dans les transports de la plus vive joie (1) ? N'était-ce pas sur
cette terre comme une manifestation de la gloire dont Dieu couronne ses élus dans le ciel ? Dans une pareille fête une population chrétienne ne trouvait-elle pas une image et comme un
avant-goût de la grande fête de l'éternité ?

Mais ici-bas, N. T.-C. F., les triomphes de l'Eglise sont
courts. De nom et d'office, elle est l'Eglise militante. Sa vraie
joie est dans l'espérance du grand avenir : c'est dans cette
attente qu'elle travaille, qu'elle souffre, qu'elle combat.

Moins de vingt ans après cette belle fête, un voile de deuil
couvrait l'Eglise d'Angoulême, et, chose lamentable, c'était son
époux qui la plongeait dans cette désolation. Ce même Légat,
qui l'avait couronnée de gloire et de splendeurs, égaré par
l'orgueil et l'ambition dans ses vieux jours, la livrait aux horreurs d'un schisme déplorable, ternissait par sa révolte contre
le pape Innocent II l'honneur de son long et bel épiscopat, et
laissait planer sur sa mémoire, par l'expression équivoque de
son tardif repentir, le doute terrible qui plane encore sur
la mémoire du vieux Salomon.

Ses filles du monastère de Saint-Ausone en gémirent plus
que les autres ; mais leur gémissement ne fut pas sans espérance : bien des siècles après, leur historien consignait
encore leur reconnaissance pour ses nombreux bienfaits. Le
schisme de Girard ne fut qu'un nuage passager, promptement
dissipé par la voix de Geoffroi de Chartres, de saint Bernard et
de son digne ami l'évêque Lambert, fondateur de La Couronne (2).

(1) Psalm. cxxv. 6.
(2) Il était honoré comme un saint, au monastère de La Couronne. Son corps
fut brûlé par les protestants en 1568.

Voici maintenant de longues douleurs, dans les troubles continuels, dans les désordres de tout genre amenés par ces terribles guerres des Anglais. L'habitation d'un monastère en dehors des murs de la ville est devenue impossible. Il faut encore chercher un refuge au-dedans de ses remparts, et y pourvoir à grand'peine aux saintes exigences de la clôture et des autres observances de la vie monastique. Le vieux monastère saccagé et sa vénérable église sont forcément délaissés. Ils n'étaient presque plus qu'une ruine, quand ils furent relevés, à la fin du XIVe siècle, par les libéralités de la pieuse reine Jeanne de Bourbon, femme de Charles V, et plus tard de Louise de Savoie, mère de François Ier.

Mais voici bien d'autres ruines encore plus désolantes. Quelle est cette jeune enfant, que je vois assise sur le siége abbatial, au-dessus de tant de vénérables religieuses ? D'où vient-elle ? Quelle est sa vocation ? Quelle supériorité de vertu l'a ainsi élevée dans un âge si tendre à un si haut rang, au préjudice de plus anciennes et de plus saintes sœurs ? Elle s'appelle Madeleine d'Orléans. C'est une sœur naturelle de François Ier. Ce seul mot explique tout. Dès le berceau, elle a été destinée à cette haute dignité du cloître. Elle y a été formée dans le monastère de Notre-Dame de Saintes. Dès l'âge de quatorze ans, à défaut de vocation et d'élection, elle a eu un brevet du roi pour la faire abbesse, et à vingt-et-un ans, elle a pris en main le gouvernement de son abbaye, en attendant un nouveau brevet du roi son frère, qui la fasse abbesse d'un autre monastère plus riche et plus voisin de la cour.

Ainsi le monde est entré dans le cloître, non pour abdiquer ses vanités, mais pour les transformer en règles nouvelles, pour dénaturer une dignité sainte, qui appartenait de droit à la plus humble, à la plus sage, à la plus pieuse. Et c'est la puissance publique qui autorise, que dis-je ? qui consacre ces criants abus. Ils sont bien pires encore dans les monastères d'hommes, où, sous le nom de commande, le titre et les droits d'Abbé sont donnés à de simples clercs, sans profession religieuse, sans autre mérite que la naissance ou la faveur royale. Et les revenus des abbayes ne servent bientôt plus qu'à alimenter le luxe et la vie toute mondaine de ces abbés séculiers. Ils visitent une fois pour toutes leur monastère, pour en prendre possession, font la ferme des biens, réduisent le plus qu'ils peuvent les dépenses d'entretien du saint édifice, les aumônes des pauvres, les subventions dues au clergé actif chargé des offices et de l'acquit des fondations, sans s'inquiéter davantage de la discipline intérieure et de la décence du culte divin. Certes, telles n'étaient pas les intentions des fondateurs de ces saints asiles. Dans leurs chartes, qui subsistent encore, où leur foi parle un langage si éloquent, ils lancent les menaces et les malédictions les plus épouvantables contre les futurs violateurs de leurs pieuses libéralités (1).

Ces malédictions tombèrent au XVI⁰ siècle sur les princes de l'Église et de l'État, coupables les uns et les autres de tant d'infidélités aux intentions de ces morts vénérables. De là ce mépris des deux autorités, qui éclata d'une manière si terrible par la prétendue Réforme. Ces abus déplorables l'expliquent, sans la justifier. Sous le prétexte de dégager l'œuvre divine de la rouille humaine qui la défigurait, les réformateurs attaquèrent l'œuvre elle-même, dans ce qu'elle a de plus divin, et substituèrent à l'institution de Jésus-Christ, qui est une et immortelle, les créations multiples et changeantes de leur propre génie. Ils rompirent violemment, non pas seulement avec l'Eglise de leur temps, mais avec celle de tous les âges, avec la foi et la tradition des plus beaux siècles, et, par suite nécessairement,

(1) Voir, entr'autres, la Charte de Guillaume Taillefer, p. 29, et une de l'évêque Roon, du même temps, p. 30.

saire, prirent en haine et en mépris tous les monuments de cette foi. C'est ce qui explique tant de ruines, tant de dévastations sacriléges, que les arts déplorent aujourd'hui presque aussi amèrement que la religion.

Il y avait dans cette vieille église de Saint-Ausone des trésors d'un prix inestimable. Le plus précieux, sans doute, c'était le corps même du saint, conservé avec tant d'amour et de vénération, depuis quatorze siècles, avec celui de saint Aptone, le plus célèbre de ses successeurs, et celui de saint Césaire, son diacre, dans des reliquaires émaillés, enrichis d'or et de pierreries. Il y avait de beaux et riches autels, des tableaux et des statues, des tombeaux sur lesquels les abbesses couchées ou pieusement agenouillées réclamaient les prières des vivants : autant de monuments de la foi ancienne, sur la présence réelle, sur le culte des saints et de leurs reliques, sur le purgatoire. *Idolâtrie! superstition!* s'écriait la Réforme ; et, à ce cri, les autels, les tombeaux, les statues étaient brisés, les tableaux lacérés et, spectacle d'horreur ! les ossements des saints, le corps même de notre père saint Ausone, jetés dans les flammes avec les missels, les confessionnaux et les vêtements sacrés des ministres de l'autel. Toutes les fureurs sacriléges des Ariens, des Sarrasins et des Normands étaient dépassées, et bientôt, de l'église et du monastère, il ne restait plus qu'un monceau de ruines fumantes.

Ici devrait naturellement s'arrêter l'histoire de la vieille église que va remplacer la nouvelle. Et pourtant cette histoire a un complément qui n'est pas lui-même sans instruction.

Les religieuses de Saint-Ausone, vous le savez, abandonnant avec effroi ce lieu de désolation et de ruine, cherchèrent un nouvel asile au prieuré de Beaulieu. Elles se contentèrent d'accommoder un reste de leur abbaye en une petite église, pour le service de leurs vassaux et de toute la population de leur fau-

bourg : œuvre pauvre et misérable, qui d'elle-même tombait en
ruine et attristait depuis trop longtemps nos regards. Mais l'église
de Beaulieu elle-même a disparu avec sa communauté, il y a
soixante-dix ans. Comment s'est consommée cette dernière
destruction, au milieu de tant d'autres du même genre ? Dieu
a-t-il trouvé que les sévères leçons du XVIᵉ siècle étaient insuf-
fisantes ; que, puisqu'on n'en avait pas assez profité, il fallait
les compléter par de nouveaux châtiments ? Tout ce que je sais,
c'est que la France fut alors livrée à un troupeau de bêtes fé-
roces, dont le règne s'appellera éternellement le règne de la
Terreur. Ce que je sais encore, c'est que les nations ont toujours des gouvernants tels qu'elles les méritent. Saint Irénée le
disait à Lyon, au second siècle de notre ère : je vous le répète
aujourd'hui à Angoulême, au milieu du XIXᵉ siècle, avec une
conviction fortifiée par l'histoire de tous les temps qui se sont
écoulés depuis ce grand évêque (1).

Je pourrais, N. T.-C. F., me contenter de cette parole profonde, pour acquitter la promesse que je vous ai faite, en commen-
çant, de vous raconter l'histoire anticipée de cette nouvelle église.
Elle aura la destinée que lui feront les mérites ou les démérites
de la génération présente et de celles qui lui succéderont. Mais
vous en demandez davantage : vous voulez pénétrer dans le secret de mes craintes et de mes espérances. Je dois vous satis-
faire. Nous sommes ici en famille. Comme un vieux père, je me
suis laissé entraîner à raconter devant mes enfants les histoires

(1) Cujus enim jussu homines nascuntur, hujus jussu et Reges constituun-
tur, apti his qui illo tempore ab ipsis regantur. Quidam enim illorum ad cor-
reptionem et utilitatem subjectorum dantur, et conservationem justitiæ :
quidam autem ad timorem et pœnam, et increpationem : quidam autem ad
illusionem et contumeliam et superbiam, quemadmodum et digni sunt : Dei
justo judicio, sicut prædiximus, in omnibus æqualiter supergrediente. IREN.
L. V. c. XXIV. 3. BD. p. 321.

du temps passé. Je ne puis refuser de répondre maintenant à leurs questions curieuses sur le présent et sur l'avenir. Seulement, ici encore, il me faut reprendre les choses d'un peu loin et montrer à tous les yeux le fondement de mes espérances; car j'espère beaucoup, je tiens à vous le dire tout d'abord.

Les voyageurs qui, dans un an, montant à Angoulême, verront s'élever la masse imposante de cette église, couronnée d'une magnifique tour, pourront se contenter d'en admirer les belles proportions et le gracieux aspect. Mais l'homme de réflexion, qui la verra posée sur la pente de la colline, au milieu d'un massif d'arbustes et de gazon, se demandera peut-être si son assiette est bien solide, et si quelque jour le bel édifice n'ira point rouler dans la vallée et la couvrir de ses ruines. Nous, nous n'aurons jamais cette crainte, après avoir vu creuser jusqu'aux profondeurs du roc ses vastes fondements; après y avoir vu entasser avec ordre et noyer dans un indestructible ciment trois mille mètres de vieilles pierres des deux anciennes églises de Saint-Ausone, du baptistère de Saint-Jean, de la vieille tour de la cathédrale; après avoir admiré ce réseau de constructions souterraines, si bien tracé par un savant architecte, si bien exécuté par d'habiles ouvriers, sous la direction la plus intelligente. Nous avons vu là, de nos yeux, et nous verrons toujours dans notre souvenir tout un édifice qui, à lui seul, aurait pu être une belle église, que personne ne verra plus dans l'avenir, mais qui n'en fera pas moins la solide base de l'édifice extérieur visible à tous les yeux. Ainsi fait, N. T.-C. F., dans ses constructions, le divin architecte dont nous étudions les œuvres. Il construit rarement sur un terrain uni. Il a de longues préparations du sol où il veut bâtir et il met volontiers dans les fondements de ses constructions nouvelles des pierres empruntées aux vieux édifices détruits. J'en trouve ici un exemple frappant.

L'église et le monastère de saint Ausone étaient étroitement liés ensemble. L'église d'abord était pour le monastère, qui l'avait même précédée d'assez longtemps, comme nous l'avons vu. Il y a 70 ans, église et monastère disparaissaient ensemble. Mais d'ordinaire, a-t-on dit, quand Dieu efface, c'est pour écrire de nouveau. Dieu voulait en effet écrire, mais dans un nouveau caractère d'écriture, un autre monastère et une autre église de saint Ausone. Voici comment il s'y prend :

La vénérable abbesse de saint Ausone, madame de Civrac, chassée d'Angoulême, va se réfugier en Poitou, chez sa nièce la marquise de Lescure, plus tard marquise de La Rochejaquelein, s'associe à son héroïque dévouement et finit par verser son sang avec celui des modernes Machabées, à qui la France doit le concordat et le rétablissement de ses autels (1). En même temps, un jeune prêtre d'Angoulême, exilé pour la foi, se lie en Espagne d'étroite amitié avec un saint prêtre du Poitou, qui se chargera, lui, de fonder la nouvelle communauté de saint Ausone. Vous avez déjà nommé, Messieurs, le saint abbé Gratereau, si heureusement représenté ici par son digne neveu, notre excellent archiprêtre, et le vénérable père André Fournet, instituteur des Filles de la Croix. Ce furent eux qui mirent en rapport de zèle et de charité deux admirables femmes, Madame Elisabeth Bichier des Ages, une religieuse de la race des plus anciennes et des plus saintes abbesses, mère féconde de

(1) Talleyrand a déclaré qu'une raison décisive pour Napoléon de rétablir la religion et de conclure le concordat, pour pacifier la France, avait été la nécessité d'en finir avec la guerre de la Vendée, que sans cela il aurait fallu recommencer. Jamais les Vendéens n'ont posé les armes qu'à la condition expresse, écrite dans les traités, qu'ils auraient le libre exercice du culte catholique. On connaît les célèbres paroles du général Hoche, dans sa correspondance : « Je l'ai dit vingt fois au Directoire, si l'on n'admet la tolérance religieuse, il faut renoncer à l'espoir de la paix dans ces contrées. Le dernier habitant, *acharné d'aller en paradis*, se fera tuer, en défendant l'homme qu'il croit lui en avoir ouvert les portes. »

trois mille vierges répandues en France, de Cambrai à Bayonne et jusque dans la capitale du monde chrétien, et Mademoiselle Gilbert des Héris, dont la mémoire sera éternellement en bénédiction dans cette ville d'Angoulême. De l'accord de ces deux saintes âmes est née cette nouvelle communauté de Sain' Ausone, pour l'éducation chrétienne des jeunes orphe' .es et l'instruction de toutes les filles du peuple de ce faubourg. Il y a loin sans doute des splendeurs de l'antique abbaye à l'humble maison des pauvres Filles de la Croix, et je permets aux gens du monde de sourire, à l'idée seule de la comparaison que j'en fais en ce moment. Mais devant Dieu, mais ｜pour les justes appréciateurs des choses, qui ont les yeux éclairés du cœur, *illuminatos oculos còrdis* (1), qui connaissent la vraie noblesse, la vraie richesse, la vraie grandeur, la nouvelle communauté n'a point tant à envier à l'ancienne. Que si vous me dites que ces pauvres religieuses, toutes livrées aux soins de l'éducation populaire, ne peuvent continuer les anciennes psalmodies qui retentissaient depuis des siècles, auprès du tombeau de saint Ausone, je vous répondrai qu'elles en trouvent le temps pendant la nuit, qu'elles les ont déjà achevées, à l'heure où vous êtes encore plongés dans le sommeil; et si cela ne vous suffit pas, voici de l'autre côté du saint tombeau, un autre chœur de vierges, qui ne le cède en rien aux anciennes, pour la longueur et la ferveur des saintes psalmodies, et c'est du pays même de saint Ausone que nous vient la première mère de cette nouvelle famille, toujours animée du même esprit que lui (2).

Le monastère ainsi relevé, on pourrait dire doublé et amplifié, il ne restait plus qu'à relever l'église. C'est ce que vous faites en

____

(1) Ephes. i. 18.
(2) La Prieure du nouveau Carmel d'Angoulême, Mme de Ste-C., est originaire de Pons, non loin de Mortagne-sur-Gironde, patrie de saint Ausone.

ce moment, Monsieur le Maire (1) et Messieurs du conseil muni-
cipal, avec une magnificence qui réjouit tous les vrais fidèles,
mérite toute notre reconnaissance et doit appeler sur vos têtes les
plus précieuses bénédictions du ciel. Laissez-moi vous remercier
tout d'abord avec effusion de la fermeté avec laquelle vous avez
maintenu l'assiette de l'église sur ce sol ancien, consacré par
tant de grands et de saints souvenirs. Plusieurs d'entre vous,
Messieurs, je le sais, sont peu curieux d'histoire et d'antiquités.
Hommes pratiques, ils cherchent avant tout l'utilité actuelle
des choses. Eh bien, guidés par un sûr instinct des meilleurs
sentiments du peuple, ils ont compris comme nous, et je les en
remercie, que le peuple fidèle d'Angoulême aimerait à venir
prier, au même lieu où ont prié ses pères, dès les temps les plus
anciens ; que l'église de l'avenir, différente de forme et de
style, devait toujours néanmoins reposer sur les fondements de
l'église du passé.

Elle est donc bien fondée cette nouvelle maison du Seigneur :
Bene fundata est domus Domini. Elle est bien fondée sur la
pierre ferme, *fundata est supra firmam petram.* Elle est fondée
sur le roc choisi par nos pères, il y a 1700 ans, comme notre
foi elle-même, qui est la leur, repose toujours sur le roc
inébranlable de la parole de N.-S., donnée à saint Pierre, trans-
mise jusqu'à nous fidèlement par saint Martial, par saint Ausone et tous ses successeurs. Elle a donc bonne chance de
longue durée, cette nouvelle église, et le pontife, qui dans deux
ans aura le bonheur de la consacrer, pourra hardiment deman-
der pour elle cette perpétuité, qu'on peut promettre à une
construction de la terre : *Sit titulus ecclesiæ sempiternus* (2).

Ah ! sans doute, si je ne m'arrêtais qu'à cette construction

(1) M. Paul Sagerac de Forge, continuant heureusement l'œuvre de son
prédécesseur, M. Bourrut du Vivier.

(2) Pontifical. Rom. in consecr. Ecclesiæ.

matérielle, à ces belles fondations, au roc qui les porte, je ne serais pas si rassuré. La colline d'Angoulême n'est pas plus solide que celle de Moria dans Jérusalem ; ces fondations ne sont pas plus belles que celles de l'ancien temple. « Maître, disaient les disciples, voyez quelles pierres, quelles constructions, *quales lapides, quales structuræ* » (1). Et le Maître répondait : « En vérité, je vous le dis : il n'en restera pas pierre sur pierre. » Allez voir à Jérusalem, si la prophétie est bien accomplie. Allez à Alexandrie, à Antioche, à Constantinople, à Carthage ; allez voir ce que sont devenues ces belles et grandes basiliques, élevées à grands frais par les dons des empereurs, par l'art des plus savants architectes grecs et romains. Mais qu'est-il besoin de sortir de notre pays? que dis-je? qu'est-il besoin de quitter ce sol que nous foulons aux pieds? Les vieilles pierres de ces fondations ne nous crient-elles pas assez haut que ce qui garantit le mieux la longue durée d'un édifice, c'est bien moins la solidité de ses matériaux et de sa construction que la foi et la piété des peuples qui viennent y adorer Dieu?

Est-ce que Dieu a besoin pour lui de ces maisons de pierre et de boue, de ces monuments de marbre, de bronze ou d'or? Il n'en a que faire. C'est nous qui avons besoin de lui témoigner par nos œuvres et par nos dons notre reconnaissance, notre respect et notre amour. Mais si ces témoignages matériels sont presque généralement et obstinément contredits par le langage intime des cœurs de tout un peuple et surtout par le cri de ses œuvres de chaque jour, alors Dieu prend en dégoût et le temple et l'autel, et les voix menteuses de l'orgue et de la cloche, et l'or souillé des vases du sacrifice, et il les livre avec dédain aux mains de ses plus cruels ennemis. Les tombeaux mêmes de ses saints, que dis-je? le tombeau de son Fils bien-

(1) Marc. xiii. 1.

aimé, n'échappent pas à ces horribles profanations, quand les péchés de son peuple les ont méritées. Leur gloire comme la sienne n'a rien à en souffrir. Il saura bien au dernier jour retrouver ces ossements consumés ou dispersés, pour les associer aux splendeurs de leurs âmes bienheureuses. Mais, en attendant, c'est nous, nous seuls, qui sommes intéressés à conserver ces gages sacrés de la faveur de Dieu, qui devons par conséquent mériter cette faveur par un culte vrai, par une fidèle imitation des vertus des saints.

Or, N. T.-C. F., malgré les nombreux, les lamentables désordres du temps présent, je vois dans notre France, je vois ici même des signes manifestes d'un retour de beaucoup d'âmes vers Dieu et par suite d'une réconciliation de Dieu avec nous; car il lui suffit d'un petit nombre de justes pour contrebalancer devant sa miséricordieuse justice les iniquités d'une multitude de pécheurs. Tant que nous verrons à Angoulême et dans toute notre France bon nombre d'hommes animés de l'esprit du tant regretté et vénéré colonel Paqueron, naguère encore président de la fabrique de Saint-Ausone, bon nombre de femmes héritières du zèle généreux, du ferme courage de la vénérable Marie-Rose Gilbert des Héris ; tant que de ces pieux asiles de la prière et de la charité monteront vers le ciel, avec une liberté respectée de tous, des vœux de bonheur pour la patrie, des cris de pardon pour les iniquités de ses enfants coupables, soyez tranquilles, chrétiens, les vœux des impies ne prévaudront pas, vos églises demeureront debout. Nous n'ignorons ni les désirs secrets de leurs cœurs ni les menaces imprudentes qui échappent de temps en temps à leurs bouches ou même à leurs plumes. Ils voudraient bien, dans un bon jour qui leur serait donné, effacer du sol tous les palais et tous les temples, pour compléter, ce sont leurs termes, leur anathème contre l'ancienne

France (1). Ils voudraient bien abolir sur cette terre chrétienne le culte du Dieu fait homme pour notre salut, et installer à sa place comme le seul vrai Dieu l'homme animal, cet homme qui ce soir sera malade, qui demain sera mort. Ils le voudraient.... Mais ce n'est pas leur volonté qui gouverne le monde. Mais la volonté des méchants est dans les mains de Dieu, tout aussi bien que celle des bons. Ceux-ci mettent leur volonté avec amour dans cette main paternelle qui les dirige pour faire le bien. Ceux-là ont la leur enchaînée par sa puissance : ils ne peuvent pas faire plus de mal qu'il ne leur en permet, pour l'exécution de ses justes vengeances.

A nous donc, N. T.-C. F., à tous les hommes de foi de cette ville d'Angoulême et de la France entière, de retenir le bras de Dieu, lorsqu'il voudrait nous frapper par la main de ses ennemis et des nôtres ; à nous de l'enchaîner par la fidélité de notre dévouement, par la constante fermeté de notre foi ; à nous de consolider les fondements de nos églises par l'assiduité et la ferveur de nos prières et de nos adorations. N'oublions pas que si la colère divine déchaîne sur nous les fléaux, les justes en seront les victimes préférées : il faut plus de feu pour purifier l'or de ses scories que pour consumer la paille ou le bois sec.

Mais non : je ne voudrais pas attrister par des paroles sinistres la joie de ce beau jour. J'aime mieux prévoir pour ma chère ville d'Angoulême des prospérités et des splendeurs. Est-ce que cette cérémonie même n'en est pas une annonce certaine ? Croyez-vous, N. T.-C. F., que cette germination des églises dans notre cité n'atteste pas un travail intérieur et comme

---

(1) V. Jean Reynaud, auteur du *Ciel et Terre*, dans l'*Éloge funèbre de Merlin de Thionville*, à la fin de sa Correspondance publiée en 1860, p. 336.

la fécondité de son sol pour les choses saintes? De même qu'en voyant de beaux arbres s'élever dans une campagne, vous n'avez pas besoin de creuser la terre pour connaître la richesse de son fond, de même aussi en voyant des temples gracieux, d'une noble architecture, s'élever dans une ville, dites hardiment qu'il y a dans les âmes un sentiment puissant qui s'est donné dans ces édifices une première manifestation.

O chère ville d'Angoulême, ne t'arrête pas, je t'en prie, dans cette voie de retour vers Dieu ! Ne te borne pas à ces embellissements extérieurs de ses temples. Je t'aime sans doute, même pour cette beauté extérieure, pour ton site merveilleux, tes hauts remparts, tes grands édifices anciens et nouveaux, et même tes simples maisons d'un aspect uniforme et plus modeste, qui laissent toute la richesse et la grandeur aux monuments publics : *Placuerunt lapides ejus* (1). Mais tu as bien d'autres titres, tu peux bien en acquérir encore de nouveaux à l'affection de ton évêque. Si tu es la ville placée sur la montagne, en vue de toute la contrée, c'est pour lui donner le signal de tout bien, pour lui enseigner la foi et la piété, dont les croix de tes églises portent le témoignage au plus haut des airs. Ah ! quand le soir, revenant d'une course pastorale, je te vois apparaître couronnée de lumière, confondant les clartés de tes hauts remparts avec les étoiles du ciel, tu me sembles une vision de la Jérusalem céleste, et je me dis : Que n'est-ce là une image fidèle de la vraie lumière brillant dans l'âme de tous les habitants, de leur élévation au-dessus des vanités du monde, pour monter sans cesse de désir et d'action vers le séjour de l'éternelle paix ! C'est ce vœu qu'avec notre glorieux père saint Ausone je renouvelle en ce moment du fond de mon cœur, N. T.-C. F., en vous bénissant tous, au nom du Père, du Fils et du Saint-Esprit.

(1) Psalm. c. i. 15.

CHARTE DE GUILLAUME TAILLEFER

COMTE D'ANGOULÊME

PORTANT DONATION AU MONASTÈRE DE SAINT-AUSONE. (AVANT 1028.)

Sanctorum Patrum scriptis compertum est ut qualiscnmque persona, pro salute animæ suæ, ad ecclesiam Dei, aliquid ferri voluerit, licentiam habeat adimplendi. Igitur ergo in Dei nomine, ego Willelmus comes et uxor sua Girberta, cum infantibus nostris nomine Aldoino, vel Gaufrido et Willelmo unà, pro Dei amore et æterna retributione, cedavimus atque donavimus ad basilicam sanctorum Ausonii, Abtonii, Cæsarii, ubi sanctorum corpora requiescunt, sub ipsius urbis Equolissima civitate, super flumen Enguinæ, donavimus massum nostrum indominicatum, qui est in villa quæ dicitur Alamans, et insuper donavimus vobis Giraldum cum infantibus suis, ut post hunc diem faciatis quidquid volueritis, nemine contradicente. De repetitione vero, si nos ipse, aut ullus de heredibus nostris vel proheredibus, seu quælibet alia persona contra donationem istam aliquid inquietare voluerit, in primis iram Dei omnipotentis incurrat, et a liminibus sanctorum Dei sit extorris, et eleemosyna illius non sit accepta antè Deum, et oratio illius fiat in peccatum; et contra cui litem pulsaverit auri libras tres, argenti pondera quinque coactus exsolvat, et sua repetitio nichil obtineat firmitatem. Et ut cessio ista omni tempore firma et stabilis valeat perdurare cum stipulatione adnexa, ego Willelmus subterfirmavi manu mea propria, et a bonis hominibus ad roborandum decrevi. Facta est concessio ista mense septembri xi kal. octobr. Regnante Robberto rege.

(Tirée des archives de l'abbaye de Saint-Ausone, au dépôt des archives de la Charente. Série H, liasse 529.)

ANATHÈME

LANCÉ PAR ROHON, ÉVÊQUE D'ANGOULÊME DE 1018 A 1037,

CONTRE LES USURPATEURS DES BIENS DE LA CATHÉDRALE.

DE MOLENDINIS DE VARNO EXCOMMUNICATIO.

Ego Roho quamvis indignus episcopus excommunico et anathematiso omnem hominem quicumque molendinos de Varno invadere præsumpserit et sancti Petri vel ad clericos sive ad episcopum qui ibidem erit illos tulerit, et virtute et majestate Dei Patris, et Filii, et Spiritus Sancti, et meritis beatæ Dei genitricis Mariæ et omnium Sanctorum, et ex ordine et potestate quam Deus michi licet indigno ac peccatori concessit. Maledictus sit in die et in nocte, maledictus in vita et in morte; maledictus sit manducando et bibendo; maledictus sit stando et pergendo; maledictus sit sedendo et jacendo; maledictus sit omnia opera faciendo : et quid amplius dicam ? sit omnino maledictus et dampnatus in supplicium æternum, qui paratus est diabolo et angelis ejus, qui supra dictos molendinos ecclesiæ sancti Petri vel episcopo sive clericis ejusdem ecclesiæ servientibus auferre præsumpserit. Ipsi quoque episcopo qui michi in episcopatum successerit veto et prohibeo ut jam nulli homini illos in fiscum donet; sed semper omni tempore ex prædictis molendinis unam medietatem habeat episcopus, alteram vero medietatem habeant canonici.

(Tiré du Cartulaire de l'Evêché, écrit au XIIe siècle.)

Angoulême, imprimerie GIRARD, rue de Beaulieu , 56.

www.ingramcontent.com/pod-product-compliance
Lightning Source LLC
Chambersburg PA
CBHW061146050726
47594CB00005B/2315